LETTRE

D'UN

CADET DE PROVINCE

A

SON-AINÉ, A PARIS,

SUR LE DROIT D'AINESSE

ET LA LIBERTÉ DE LA PRESSE.

ÉDITION TIRÉE A 20,000.

PRIX : **25** CENT.

DEUXIÈME ÉDITION.

PARIS,

LES Mᵈˢ DE NOUVEAUTÉS.

➤→←◄

1826.

LETTRE

D'UN

CADET DE PROVINCE.

LETTRE

D'UN

CADET DE PROVINCE

A

SON AINÉ, A PARIS,

SUR LE DROIT D'AINESSE ET LA LIBERTÉ

DE LA PRESSE.

LES Md DE NOUVEAUTÉS.

1826.

LETTRE

D'UN

CADET DE PROVINCE

À

SON AINÉ, A PARIS.

———❦———

Que se passe-t-il donc à Paris,
mon cher Frère ? Quelle mouche
a piqué nos ministres ? sur quelle
herbe ont-ils marché ? et, que diable
leur avons-nous fait, nous autres
cadets, pour que, d'un trait de plu-

me, ils nous rayent de la liste des vivants. Oui, mon ami, cette loi sur le droit d'aînesse est un coup qui nous tue; car qu'est-ce qu'un homme sans argent, par le temps qui court ? Un corps sans âme, pas davantage. Et à quoi tend cette loi, suscitée par l'esprit malin, sinon à enlever aux cadets tout espoir de fortune.

Il y avait déjà quelque temps que l'on parlait chez nous du droit d'aînesse, et je n'avais pas fait jusqu'à présent grande attention à ce qu'on en disait, parce que, tout normand que je suis, je n'aime pas la chicane, et que je pensais qu'il serait temps de

s'occuper de cela quand nos dé-
putés en seraient aux prises; et
puis, mon cher Frère, s'il faut
te l'avouer, je ne comprenais
pas grand chose à tout ce qu'on
disait à ce sujet; mais aujour-
d'hui que je sais de quoi il re-
tourne, aujourd'hui que ce mau-
dit droit m'enlève, tout à la fois,
ma femme et ma fortune futures:
c'est bien différent.

Tu connais Toinette, cette
grosse réjouie que tu faisais dan-
ser quand tu n'étais pas pari-ien;
c'est une brave fille qui a eu bien
du chagrin quand elle a vu que
tu quittais le pays, parce qu'il
paraît que tu lui en avais conté, et

qu'elle avait mordu à l'ameçon. .
Dame ! c'est bien pardonnable :
c'est si jeune et si simple ! mais
il ne faut pas croire quoique çà,
que ce soit une fille sans carac-
tère : elle en a, et fièrement,
je t'en réponds ! Tant qu'elle a
espéré te voir revenir, elle ne
voulait pas écouter mes consola-
tions, et elle répétait toujours :
« Laissez-moi tranquille, mon-
sieur Cadet, les hommes sont
des enjoleurs. » Voilà pourtant
comme l'esprit vient aux filles,
et il est bien plus difficile de les
attraper la seconde fois que la
première. Pourtant quand Toinette a vu qu'elle pleurait pour le

roi de Prusse, elle s'est radoucie;
et, depuis que nous étions fiancés,
elle n'avait plus les yeux rouges.
Elle parut bientôt si contente de
devenir ma femme, qu'elle me
jurait tous les jours qu'elle ne
pensait plus à toi. Ainsi nous
étions contents tous les deux,
et nos bancs étaient publiés,
quand nous avons appris dans le
pays qu'on machinait à Paris
quelque diablerie contre les cadets; Toinette, qui n'est pas
une bête, me dit un jour : « Cadet, êtes-vous l'aîné ?

— Vous savez bien que non,
répondis-je, puisqu'on m'appelle
Cadet; mais c'est égal, si je ne

suis pas l'aîné, il ne s'en faut pas
de grand'chose, et je puis me
flatter que bien des aînés ne val-
lent pas un cadet comme moi.

—Je ne dis pas non, reprit Toinette ; mais les aînés, voyez-
vous.... dame! c'est un bruit qui
court ; on 'dit qu'on fait une loi
qui donne tout le bien aux aînés, .
ce qui fait que les cadets n'en ont
pas, et vous sentez bien qu'une
honnête fille qui, en se mariant,
comptait naturellement sur quelque chose, ne peut pas devenir
la femme d'un homme qui.......
que...

— Qu'est-ce que cela signifie,
Toinette? *un homme qui... que...*

Apprenez que je suis un homme comme un autre, entendez-vous? et, si vous en doutez.... » J'allais me mettre en colère; mais ma future me dit : « Allons trouver M. le Maire, c'est un homme savant, qui lit le journal quatre fois par semaine, et qui nous dira ce qu'il en est. »

Ah ! mon cher Frère , quelle douleur me saisit , lorsque j'eus entendu la lecture du projet de loi! Mes yeux se mouillèrent de larmes ; je sentis que le sang me montait au visage, et mes idées étaient si confuses que je ne pus proférer que ces mots : « Hélas! il est donc vrai que les cadets n'en

ont pas!...« et, de son côté, Toinette répétait : « Vous sentez bien
qu'une honnête fille qui se marie
est bien aise de savoir ce que son
mari lui apporte. »

Lorsque je fus devenu un peu
plus tranquille, je voulus savoir
ce que M. le maire pensait de la
loi, et je ne me gênai pas pour
dire que je la trouvais injuste,
révoltante, abominable, etc. Mais
le magistrat chanta bientôt sur
un autre ton : après m'avoir écou-
té un instant, il se dressa sur la
pointe des pieds, se passa la
main sur le menton, et, me toisant
d'un œil dédaigneux, il me dit :
« Cadet, vous êtes un sot, ce

projet est un chef-d'œuvre, son
auteur un homme de génie, et la
preuve de cela, c'est que les
Anglais ont une loi semblable, et
que les Romains en avaient fait une
dans le même sens : or, il faudrait
que les Français fussent bien dif-
ficiles pour ne pas s'accommoder
d'une chose qui convient aux Anglais, et que le Romains ont trou-
vée de leur goût. Les Romains, Cadet, étaient des gens bien pensants;
ils n'avaient pas, comme nous autres, le mot de *Charte* continuelle-
ment à la bouche, et il est certain
que les électeurs de ce pays-là ne
donnaient pas leurs voix aux li-
béraux. Mais aussi, ils ne connais-

saient pas la liberté de la presse,
et jamais chez eux on ne vit seulement un journal grand comme
la main, tandis que nous en avons,
nous, de toutes les formes et de
toutes les couleurs ; mais nos ministres, il faut l'espérer, vont
bientôt mettre ordre à cela, et il
est question d'une loi qui donnera
sur les ongles à tous ces clabaudeurs, et qui les forcera de garder leur langue ou leur plume
pour en faire ce qu'il en sera ordonné.

Toi, mon cher Frère, qui es
parisien, tu sais ce que cela veut
dire; mais, pour moi, je veux que
le diable m'emporte si j'y compris

quelque chose ; de sorte que M.
le maire fut obligé de m'expliquer
le sens de ses paroles : « La liberté de la presse, me dit-il , est une
loi qui permet aux gens de faire
imprimer tout ce qui leur passe par
la tête, et comme la tête des Français est passablement fournie de
billevesées , de satyres , d'épi-
grammes et de folies , il s'ensuit
qu'ils raisonnent ou déraisonnent
sur tous les sujets , et s'ils trouvent
mauvais ce que font ou se pro-
posent de faire les ministres , ils
ne se gênent pas pour le dire,
l'écrire et l'imprimer à cent mille
exemplaires. Il n'y a que quelques
siècles que l'art de l'imprimerie

est inventé, et déjà il a causé plus de maux que la guerre, la peste et la famine. Eh bien ! ce fléau terrible, les ministres peuvent l'anéantir ; ils peuvent mettre un baillon au monstre qui vomit tant de poisons ; ils n'ont pour cela qu'à vouloir, et ils voudront j'en suis certain. »

J'avoue, mon cher Frère, que je ne trouvai rien à redire à cela, parce que, après tout, on a du pouvoir ou on n'en a pas, et quand on en a..... ma foi ! quand on en a, on fait bien de s'en servir, et les ministres s'en servent si bien !.. Ah ! mon ami, si j'en avais !...... seulement un peu, Toinette serait à moi.

Quoiqu'il en soit ; et quelque mérite qu'aient les ministres, je ne puis trouver bonne la loi qui m'enlève tant de choses à la fois, et qui jette le désespoir dans l'âme de tous les cadets, classe aussi nombreuse que respectable. J'ai beau me dire que la classe des ministres est infiniment supérieure à celle des cadets, je ne puis me résoudre à voir d'un bon œil des gens qui me soufflent ma femme et mon bien. On me dira peut-être qu'en agissant ainsi, les ministres songeaient à leur portefeuille, et non aux familles qu'ils allaient mettre sans dessus-dessous ; que tous les cadets et les

aînés du monde ne sont rien en
comparaison d'un ministère. A la
bonne beure; mais s'ils laissaient
le monde comme il est, en rece-
vraient-ils un écu de moins? Ne
seraient-ils pas toujours des Ex-
cellences par excellence, et au-
ront-ils la jambe mieux faite,
parce que Toinette ne sera pas
ma femme, et que je serai forcé
de me faire moine? Je te le demande, à toi, mon Frère, qui
dois avoir de l'esprit, puisque
tu habites la même ville que ces
grands génies. Je suis bien sûr
que les neuf mois et demi que tu
as de plus que moi ne te rendent
pas plus fier, et, en vérité, tu au-

rais tort de l'être; car si tu es l'aîné
ce n'est pas ta faute, on t'a fait
comme ça, et voilà tout.

Je sais bien qu'il faut que les
ministres aient l'air de faire quelque chose pour gagner leur argent; car on ne leur donne pas
cinquante mille écus pour des
prunes, et voila peut-être pourquoi ils se sont jetés à corps perdu
dans l'histoire des lentilles; mais
puisqu'il leur fallait des victimes,
que ne les prenaient-ils ailleurs?
Pourquoi s'attaquer à nous, pau-
vres diables qui ne voulons de
mal à personne, et qui ne de-
mandons qu'à conserver notre
bien, plutôt qu'à ces gens qui font

tant de bruit à propos de rien,
qui ne peuvent entendre parler
de portefeuille sans avoir de maux
de nerfs, et qui crient sans cesse
aux gens en place : « *Otez-vous de
là que nous nous y mettions.* » Ils
ont de l'humeur ; eh bien ! qu'ils
créent des censeurs, qu'ils dé-
chirent les journaux, qu'ils brû-
lent les auteurs, nous n'y trou-
verons pas à redire ; et c'est là un
passe-temps qui doit avoir quelque charme pour de grands sei-
gneurs ; mais, au nom de Dieu !
qu'ils laissent les cadets en repos ;
ou je ne réponds de rien.

Tu ne saurais t'imaginer, mon
cher Frère, quel effet l'annonce

de cette loi malencontreuse a pro-
duit dans ce pays : les aînés sont
gais et les cadets tristes ; les uns
rient, les autres pleurent : les familles sont divisées ; les frères se
regardent de travers, à la manière
des chiens de faïence, et les filles
soupirent en pensant que si les
cadets se font moines, il n'y aura
pas d'aînés pour tout le monde ;
et que la plupart d'entre elles se
passeront de maris, à moins que,
tandis que les ministres sont en
train de faire de si belles choses,
ils n'accouchent d'une autre loi
qui permettrait aux aînés d'avoir
plusieurs femmes, ainsi que cela
se pratique en Turquie : excellent

pays, à ce que j'ai ouï dire, où l'on étrangle un ministre, sans plus de difficulté que si c'était un moineau.

Ah! mon ami, que ne suis-je Turc plutôt que *cadet*! car, au lieu d'une femme j'en aurais cent, et, dans un pays où la tête d'un homme en place ne tient qu'à un fil, il y aurait bien du malheur si je ne faisais pas mon chemin. Et, cependant tel est l'aveuglement des Français, que, je l'ai ouï dire, on se cotise de tous côtés pour faire la guerre à un peuple si sage. « Les Grecs; vivent les Grecs! tout pour les Grecs! » crient les Parisiens. Dans leur en-

thousiasme, ces bons habitans de
la capitale vendent des livres, des
tableaux, des médailles au profit
des Grecs, et, pour peu que cela
continue, ils sont gens à vendre
leurs femmes au grand turc, pour
donner des brûlots à Canaris, et
faire sauter le pacha d'Egypte.
Les Grecs sont chrétiens, dit-on,
à la bonne heure ; mais nous le
sommes aussi, nous autres *cadets*, nous sommes chrétiens, très-
chrétiens, et, si vous avez la fu-
reur de donner votre bien, ce
n'est besoin de l'envoyer en Grèce:
nous en ferons, soyez en sûr, un
aussi bon usage que ces gens que
le grand seigneur traite de Turc

à Maure. Les Grecs sont ruinés, dit-on ; mais nous le sommes aussi nous, cadets. S'ils sont dépouillés par les Turcs, nous le sommes par les ministres, et la différence n'est pas si grande qu'on pourrait le croire.

On assure qu'en Turquie un Français fait rapidement fortune : il lui suffit pour cela de se coiffer d'un turban et crier : « Allah ! » Eh ! je te le demande, mon cher ami, que ne crierait un Français, que ne crierait un cadet surtout, pour posséder de l'or et de jolies femmes ?

En attendant, mon cher Frère, que nous soyons aussi heureux

que ce bon peuple, qui nous appelle *chiens*, pour nous prouver
sans doute le cas qu'il fait de notre fidélité ; en attendant, dis-je,
je veux te faire une petite propo-
sition, que sans doute tu ne re-
jetteras pas : Tu es heureux, toi,
tes affaires sont bonnes ; tu es en
chemin de faire fortune, et tu se-
rais *cadet*, *archi-cadet*, que cela
ne t'empêcherait pas de te marier
selon ton goût. Eh bien ! mon
ami, cède-moi ton droit d'aînesse
seulement pour quarante - huit
heures, c'est un service que je
n'oublierai jamais, et pour lequel
je te donnerai plus d'une preuve

de reconnaissance. On rapporte
qu'un grand personnage de l'an-
cien temps vendit son titre pour
un plat de lentilles; moi, je veux,
chaque année, t'en fournir dix
boisseaux, et cela pour être l'aîné
seulement pendant deux jours. Si
tu me refuses, mon cher Frère,
plus de Toinette pour Cadet, et
plus de Cadet pour toi ; car j'en
perdrai l'esprit. A moins pourtant
que nos ministres ne perdent leur
portefeuille, ce que, en ma qua-
lité de cadet, je leur souhaite de
tout mon cœur; priant Dieu, mon
cher ami, qu'il ne t'abandonne
pas dans la prospérité, et qu'il ne

te fasse pas oublier que tu as un frère.

GADET.

FIN.

IMPRIMERIE DE SÉTIER,
Cour des Fontaines, n° 7, à Paris.

OUVRAGES QUI SE TROUVENT

CHEZ LES MÊMES LIBRAIRES.

Edition tirée a 1500.

Le petit Jésuite, par Raban. Prix : 25 c.
Discours de Mirabeau, sur l'egalite des
partages.   Prix : 10 c.

Edition tirée a 3000.

Dialogue entre Voltaire et un Jesuite,
par Constant Taillard.   Prix : 30 c.

Du même Auteur.

Le nouveau Conducteur, ou Guide de
l'étranger aux *environs de Paris* ; con-
tenant, dans un ordre alphabétique, la
description et l'histoire des lieux, les
monuments et curiosités ; le départ
et retour des voitures publiques, avec
les prix et les heures. 1 fort vol. in-18,
orné de six vues et d'une carte. Pr. : 4 f.

www.ingramcontent.com/pod-product-compliance
Lightning Source LLC
Chambersburg PA
CBHW072024290326
41934CB00011BA/2792